LOS SARCÓFAGOS DEL 6º CONTINENTE

TOMO 1: LA AMENAZA UNIVERSAL

Guión: **YVES SENTE**   Dibujo: **ANDRÉ JUILLARD**
Color: **MADELEINE DEMILLE**

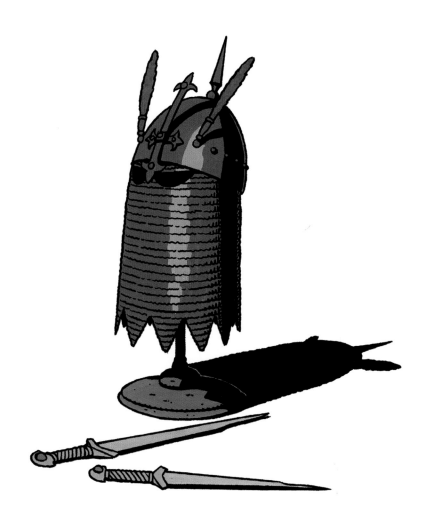

LAS AVENTURAS DE BLAKE Y MORTIMER
según los personajes de **EDGAR P. JACOBS**

Colección Blake & Mortimer nº16
LOS SARCÓFAGOS DEL SEXTO CONTINENTE 1: LA AMENAZA UNIVERSAL
Título original: "Les Sarcophages du 6° Continent Tome 1"
Segunda edición: Mayo de 2010
© Editions BLAKE & MORTIMER / Studio Jacobs (Dargaud-Lombard) 2003 by Yves Sente and André Juillard
© 2010 NORMA Editorial por la edición en castellano
Pg. St. Joan 7, Pral. - 08010 Barcelona.
Tel.: 93 303 68 20 – Fax: 93 303 68 31
E-mail: norma@normaeditorial.com
Traducción y rotulación: Estudio Fénix
ISBN: 978-84-8431-921-4
Printed in China.

www.NormaEditorial.com
www.NormaEditorial.com/Blog

Consulta los puntos de venta de nuestras publicaciones en www.normaeditorial.com/librerias
Servicio de venta por correo: Tel. 902 120 144 – correo@normaeditorial.com, www.normaeditorial.com/correo

Febrero de 1958. Simla, antaño capital de veraneo del gobierno del Imperio de las Indias Británicas, testimonio de un pasado colonial que sus habitantes intentan siempre olvidar, parece erguirse sobre su contrafuerte del Himalaya, como para mejor desafiar la temprana nevada que cae sobre ella.

Esta noche, una inusual animación reina en las inmediaciones del antiguo palacio del Virrey...

...que, pese a la hora tardía, no pasa desapercibida por todo el mundo.

¿Lo ve, teniente? ¡La mitad de los maharajaes hindúes deben de haberse reunido aquí!

Nuestros informadores no se habían equivocado. Esta asamblea es cuanto menos inquietante. Es urgente saber qué se trama tras esos muros...

Teniente, confíe en mí, estoy preparado. Le traeré la información que necesita.

Puedes ir, muchacho, pero sé prudente.

¡Qué ambiente tan excitante! Pero dígame, puesto que ya lo ha visto, ¿cree de verdad que ese Açoka es quien dice ser? ¡Parece imposible!

¡Shhh! ¡Más bajo! ¿No sabe que Açoka tiene mil orejas? Hay numerosas leyendas que mencionan los extraordinarios poderes de los que poseían emperadores de la dinastía los Mauryos, dos siglos antes de nuestra era...

Açoka no solo fue el mayor emperador de esa dinastía, y el que unificó la India por primera vez antes de que los bárbaros, los turcos o los británicos la invadieran, sino que fue también un gran mago. Sí, es él quien ha vuelto para devolvernos el poder y el orgullo, créame, querido...

Es más... ¡Le aconsejo encarecidamente que me crea!

!?!

¡Que haya silencio! ¡Su alteza inmortal, el emperador Açoka, va a aparecer!

¡Por todas las pulgas del Indo! ¡Qué animales monstruosos!

¡Cálmese! Ésos son los antepasados protectores de Açoka, que han vuelto para protegerlo en forma de grandes monos. Nunca se alejan de él. Siempre que no provoque la cólera del emperador, no corre peligro.

De pronto, con un ensordecedor estruendo de trueno, Açoka, el emperador que lleva muerto 2200 años, aparece ante la pasmada asamblea.

BRRAOUMMM

¡Alzad la cabeza, señores de la India, y que renazca un imperio fuerte e independiente!

La posición del gobierno actual es de perdedores, tibia. ¡Açoka odia los indecisos! ¡Si hoy estáis dispuestos a invertir vuestras personas y vuestros medios, mañana os daré la India! ¡Vuestra India! ¡Gracias a nuestros amigos en la URSS y en África, gracias también a la ingenuidad de nuestros antiguos colonizadores británicos...

Ese arma obligará al mundo a ofrecernos el respeto que merecemos. ¡Por fin miraremos cara a cara a los dirigentes occidentales del planeta y podremos hablar de igual a igual de nuestras exigencias de justicia!

...y gracias también al nuevo y revolucionario invento que vengo a ofreceros, ¡la India poseerá el día de mañana el arma suprema!

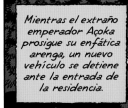

Mientras el extraño emperador Açoka prosigue su enfática arenga, un nuevo vehículo se detiene ante la entrada de la residencia.

Vaya... Eso parece un...

¡...Un Zil oficial soviético! ¿Quién será ese hombre?

Le llevaré a la oficina del emperador. No tardará ya mucho.

Gracias, Radjak.

Es el momento de dejaros para que reflexionéis sobre mis palabras. ¡Comed y bebed! Estáis en vuestra casa, señores de la India. Y no olvidéis mostraros generosos con las diosecillas de la colecta, en cuyas manos os dejo.

Apenas terminada la frase, el misterioso emperador desaparece tan bruscamente como apareciera. Una multitud de jóvenes bailarinas invade la asamblea para cosechar las contribuciones financieras destinadas a la construcción del arma suprema prometida por Açoka.

Por favor...

Sin mediar palabra, Radjak cierra la puerta tras el visitante soviético, que queda a solas en el gabinete del emperador Açoka.

Buenas noches, mayor Voritch. Siéntese, se lo ruego.

Buenas noches, majestad.

Los trabajos de la base avanzan según lo previsto.

Muy bien. Y... ¿El blanco?

Creo haber encontrado el terreno de acción ideal para nuestras primeras pruebas. Sin duda, habrá oído hablar de la Exposición Universal que debe inaugurarse en Bruselas el próximo abril. ¿Qué mejor lugar para una acción significativa, con el objetivo de dar una lección a los que pretenden darlas? Todos los países occidentales estarán representados en un perímetro reducido...

!?

Lo que permitirá...

¡Por Siva!

¡Aagh!

!?

¿Qué sucede, Radjack?

¡He sorprendido a un falso criado espiando en sus ventanas, amo! Ha conseguido escapar, pero mi puñal no ha fallado... No irá muy lejos. ¡Voy a soltar a los perros!

Teniente Na... Nasir.

¿Qué ha pasado? ¿Todo ese revuelo es cosa tuya?

¡Allí! ¡Los perros han encontrado algo!

¡Por Vishnú! No te muevas, chico. Voy a sacarte ese cuchillo y...

N... No...

Demasiado tarde... Escúcheme antes de que lleguen. Acérquese...

¡Deprisa...!

Hemos encontrado al espía, señor. Ha muerto antes de poder llegar a la ciudad. No llevaba ningún documento, y hemos registrado los alrededores sin encontrar rastro de otros intrusos.

Gracias, Radjak. Puedes dejarnos.

No me gusta este asunto. Una tormenta de nieve podría confundir el olfato de los perros y borrar otros rastros. Más vale que no me demore aquí.

No se preocupe, mayor. En todo caso, nadie ni nada puede detenernos.

Eso espero, majestad. Tenga, en este diario hay un artículo sobre la Exposición Universal de Bruselas y el equipo que dirigirá el pabellón británico. Ya hemos infiltrado a uno de nuestros hombres en ese equipo.

¡Él!

¿Conoce a uno de esos hombres, majestad?

Mi camino se cruzó en el pasado con el del profesor Mortimer, y no guardo de él buenos recuerdos.

LA MAQUINACIÓN VORONOV DESMANTELADA

¡Fue el capitán Blake quien consiguió arruinar mi carrera en una sola tarde! Es en parte "gracias a él" que me desterraron a este puesto fronterizo que me ha permitido conocer a su majestad. [1]

pretendían contaminar nuestro país virus importado de la Unión Soviética...

fran extemada muñecas gigante carga de apariem Antártida para l cable radio de la colonia b pedición conlus der

¿Quién sabe...? Quizá nuestros asuntos nos permitan unir lo útil con lo agradable... Se me ocurre algo, mayor.

El profesor Mortimer dirigirá el equipo científico pabellón de la industria ea en la Exposición al de bruselas

El Zil del mayor Varitch se aleja de madrugada del antiguo palacio de veraneo del Virrey de las Indias Británicas. Han pasado horas desde que los últimos maharajaes abandonaron el lugar.

Por su parte, el misterioso emperador sin edad vuelve a su antro...

¡Llegó la hora, Philip Mortimer...!

Mi venganza...

¡Será tan implacable como ha sido larga en llegar

(1) Ver La maquinación Voronov

Veinticinco años antes, bajo un calor sofocante, el paquebote "Cilicia", de pabellón británico, avanza lentamente en sus maniobras de aproximación a la altura de la Puerta de las Indias...

La mayor parte de los viajeros, impacientes por volver a tierra firme tras un largo viaje, que les viera embarcar en Edimburgo y en Plymouth antes de alcanzar Gibraltar, Port-Said, Aden y, por fin, Bombay, se agolpan en el puente en medio de los equipajes. En medio del barullo, una joven tropieza.

¡OOH...!

UFFFF...

Eeh... ¿Se ha hecho daño, señora...?

Summertown. Gracias, muchacho, sin usted, me habría...

¿Sarah Summertown? ¿La escritora? Soy un gran lector de sus novelas. ¡Sus libros me han interesado en la arqueología! Permita que me presente: soy Philip Mortimer. Sólo llevo una maleta, así que deje que le ayude, señora, Summertown. Miss Sarah será un honor.

¡Decididamente, my boy, es usted un encanto!

¡Sabe, no soy ningún niño! Acabo de conseguir mi diploma en la Allen School de Glasgow y...

¡Oh! Discúlpeme, no quería ofenderle. Pero, ¿qué viene a hacer a Bombay?

En realidad, me dirijo a Simla, donde nací. Mi padre es el mayor médico de la guarnición. Aprovecho mis vacaciones, antes de entrar en la universidad, para visitar a mis padres, a quienes no veo desde hace seis años.

Pues bien, joven, aproveche su estancia, pero sea prudente. Las cosas han cambiado mucho desde la época de su infancia. ¡Tenga! Ésta es mi tarjeta. Si alguna vez pasa por Londres, venga a visitarme. Ya que mi trabajo le interesa tanto, le mostraré con gusto mi pequeña colección de objetos antiguos.

Oh... Pues... ¡Con mucho gusto, señora Summertown!

¡Señorita Summertown, por favor! No estoy en edad de querer envejecerme... pero aún no tengo la de una solterona irrecuperable. ¡Good bye, young man!

¡Philip, amigo, si alguna vez quieres visitarla a Londres, más vale que te libres de tu cara de crío! ¿Y un bigote...? No, eso sería imitar a papá. ¿Barba? Barba no está mal, ya veremos...

Momentos más tarde, el joven Philip Mortimer, instalado en un ricksaw, se dirige a Victoria Station...

Sólo para detenerse unos cientos de metros más adelante, al encontrar la calle embotellada.

¿Qué sucede?

Son independentistas radicales, sahib. Se enfrentan a un joven blanco, no sé muy bien por qué.

¡¿Radicales?! ¡¿Una agresión?! ¡Esto no puede tolerarse!

¡Sahib! ¡Se lo ruego, esa gente no...!

Sin dudar en usar los codos, el joven británico se abre con dificultad camino entre la densa muchedumbre...

...hasta llegar, al fin, al centro del tumulto.

!?

Sin prestar atención más que a su valor, el que fuera campeón de boxeo de la Allen School lanza un poderoso uppercut al gigante...

¡Cuidado!

Mortimer y el joven desconocido se preparan a enfrentarse a nuevos asaltantes cuando, de pronto, una voz entre la muchedumbre atrae la atención de todos...

¡Ya basta!

Con gran alivio de los dos jóvenes, la irrupción inesperada de un extraño hombrecillo y el sonido de silbatos que anuncian la llegada de la policía hacen que los cuchillos desaparezcan como por arte de magia.

Les ruego que disculpen la injustificable actitud de sus agresores. Sepan que, para la gran mayoría de los hindúes, ustedes serán siempre bienvenidos en nuestro país, como visitantes, nunca como conquistadores.

Con tal espíritu les deseo una excelente estancia en la India.

Sin dar tiempo a los dos jóvenes a darle las gracias, el hombrecillo desaparece tan rápidamente como apareciera, en una multitud diferente.

¡Es el Mahatma en persona quien les ha salvado! Es una gran señal... ¡Está bendito, sahib!

9

Permítame presentarme. Me llamo Francis Percy Blake. ¿Puedo conocer el nombre del valiente compatriota que ha venido en mi ayuda antes de la milagrosa intervención de ese hombrecillo?

Philip Angus Mortimer. ¡Seguro que usted habría actuado de la misma manera!

¡Eso espero! No puedo soportar ver como una injusticia se comete ante mis ojos sin hacer nada. Me he visto en esa enojosa situación por acudir en ayuda de un mendigo al que un sujeto rico en turbante estaba maltratando.

¡Ah! El mendigo debía de ser un intocable.

¡¿Un intocable...?!

Mmh... ¡Veo que es su primera visita a la India! ¡Pronto verá a qué me refiero! De momento, ¿dónde puedo dejarle?

Pues bien, me dirigía a la estación, pero...

¿A la estación? Perfecto, yo también voy hacia allí. Le llevaré.

Dígame, Francis, ¿de dónde viene?

De Llangowlen, en Gales, y debo confesar que, antes de venir aquí, jamás había dejado la Gran Bretaña.

Sucede que acabo de dejar Eton y mi padre, que es coronel de los Royal Walsh Fusilier, está de misión en Ambala. Me dije que era una buena ocasión para visitarle y para viajar un poco antes de reemprender mis estudios.

¡No me diga! ¡Pues yo no solo aprovecho como usted las vacaciones escolares para visitar a mis padres, sino que también me dirijo a Ambala, antes de seguir hasta Simla! ¡El azar ha hecho un buen trabajo!

¡Magnífico, Philip! ¡Tendremos tiempo de conocernos mejor!

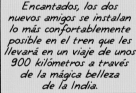

Encantados, los dos nuevos amigos se instalan lo más confortablemente posible en el tren que les llevará en un viaje de unos 900 kilómetros a través de la mágica belleza de la India.

Mientras el tren avanza hacia el Norte, Francis Blake y Philip Mortimer hablan y hablan de sus ambiciones, con todo el entusiasmo de la juventud.

...Créame, Francis, el futuro pertenece a las ciencias. ¡Van a dar la vuelta a todo nuestro futuro! En todo caso, yo lo tengo decidido, y quiero participar en su progreso. A la vuelta, emprenderé mis estudios científicos.

Personalmente, querido Philip, tengo intención de unirme al Staff College de la Royal Air Force. Por desgracia, creo que Europa no está aún madura para la paz, si es preciso, me gustaría poder defender nuestros valores democráticos desde el seno de nuestro ejército, como lo hizo mi padre.

Llevo en mi maleta dos botellas del whisky favorito de mi padre. ¿Qué le parece si abrimos una y hacemos un toast por nuestro futuro?

¡Por dios, me parece una idea excelente!

Aquí está Delhi. Tendremos que cambiar de tren.

Algunas horas más tarde, el tren de nuestros dos amigos se detiene en la estación de Ambala.

Así pues, nuestros caminos se separan aquí. Le doy de nuevo las gracias por su intervención en Bombay.

¡Olvídelo, quiere! Viajar en su compañía ha sido un verdadero placer. Sobre todo, no pierda mi dirección y... ¡Feliz estancia en la India, querido Francis!

¿Parece que con tanto viaje tengo ya agujetas. Más vale que vaya a estirar las piernas un cuartito de hora.

¡¿Él aquí?! Seguro que va a reunirse con sus padres... Así que... Volverá al tren. Tengo que hacer algo.

11

Seis horas más tarde, la pequeña estación de Ambala todavía sufre la conmoción provocada por el atentado...

Esos bastardos habían escogido bien dónde colocar su bomba. No ha quedado mucho del wagon.

¡Por una vez que íbamos en primera clase! ¡Ahora entiendo por qué no había nadie además de nosotros, en ese puñetero tren!

Si lo he entendido bien, mis agresores me han salvado VOLUNTARIAMENTE la vida. Pero, ¿por qué? ¿Y quiénes son, que conocen mi nombre?

Yo nunca he entendido nada de este país. Haz como yo, boy, limítate a dar gracias a Dios por haber escapado de la masacre.

Debería ir a buscar su equipaje, joven. El tren va a salir hacia Simla. Eso sí, tendrá que contentarse con un wagon de segunda clase.

Ya... Ya irá bien.

De nuevo abarrotado, el tren emprende penosamente el asalto de los primeros contrafuertes del Himalaya...

...Para llegar por fin a Simla, dos largas horas después.

En el andén de la pequeña estación, Lady Eileen Hunter of Pitlorchry, reputada en toda la colonia tanto por su carácter espontáneo como por su indudable talento como pianista, recibe a su único hijo con alegría evidente.

¡Madre! ¡Que alegría volver a verte!

¡Philip! ¡Nos habíamos preocupado al escuchar la noticia del atentado!

¡Cómo has cambiado! Mírate, hecho todo un hombre. ¡Tu padre y yo estamos muy contentos de volver a verte!

¡Como yo, madre! ¡Pero tú no has cambiado nada!

Perdona que te reciba vestida así, pero tras saber que estabas a salvo, sentí la necesidad de olvidar la preocupación con un buen partido de tenis.

Estás magnífica, no importa cómo te vistas.

¡Vaya, mi chico! ¡Parece que has aprendido a hablar a las mujeres!

Ya que has venido, Philip Mortimer, será necesario que asumas tus orígenes...

Llega la noche, y en el cottage de la familia Mortimer...

Por desgracia, Philip, vas a descubrir que la India de tu infancia está cambiando.

Perdonad, me he atragantado.

¿Qué pasa, Rajiv?

El teléfono, Sahib.

...La agresión a ese joven compatriota en Bombay y el atentado al que has escapado te habrán dado una idea de cómo se ha degradado la situación. Todo es culpa de ese condenado Partido del Congreso y de ese andrajoso abogaducho indígena que se siente empujado por un alma independentista.

¿Cómo se llama, ese pequeño fenómeno con gafas? ¡Ah sí! Eso es, Gandhi. ¡El Mahatma Gandhi!

¡GARGL!

¡Así que el misterioso salvador de Bombay era nada menos que el agitador público número uno del Imperio de las Indias Británicas! El joven Philip Mortimer no sabe si revelar este detalle a su padre, o si mencionar el extraño mensaje de la estación de Ambala.

Dime, madre, ¿te acuerdas de Sushil, mi amigo de infancia? ¿Sabes algo de él?

¡¿Cómo quieres que me olvide de Sushil, Philip?! ¡Erais inseparables, como hermanos!

...Pero quizá valdría la pena que no intentaras verle. Ya has oído a tu padre, la situación es muy tensa y hemos sabido que Sushil se ha unido a un grupo de radicales independentistas que quieren expulsar a los ingleses sin negociaciones.

Me pregunto quién llamará a esta hora... Ahora vendré al living.

Pero... ¡Es absurdo! ¡Sushil era mi mejor amigo! No puede haberlo olvidado todo...

¡Ssh! Aquí viene tu padre. Te lo ruego, hijo, olvídate de Sushil.

Era una llamada del coronel Blake, el padre de ese joven al que ayudaste en Bombay. Quería felicitarme por el valor de mi hijo. ¡Es un halago que no puede sino dejar encantado a un padre, y seguro que tu madre comparte mi orgullo!

Oh... Gracias, padre.

Explícanos, ¿qué planes tienes para tu futuro?

Pues bien, padre, estoy completamente seguro de que mi vocación se dirige al mudo de la ciencia.

¿Escuchas eso, querida? ¿Será éste el nacimiento de una dinastía de médicos en casa de los Mortimer?

Uh... Yo querría más bien dirigirme a la investigación. La física me atrae en especial.

¡Qué apasionante! ¡Explícanos más, Philip!

La velada termina tarde en casa de los Mortimer, mientras los padres descubren con orgullo el entusiasmo de su hijo, listo para saborear el porvenir a manos llenas.

A la mañana siguiente.

¡HIII! ¡HIII!

!

¿¡Fergie?! ¿Eres tú, mi buena Fergie?

¡HIIIIII!

¡Sí, es ella, Sahib! Sólo a usted le hace ese recibimiento. Siempre tan hermosa y robusta... pero su carácter no ha cambiado un ápice. ¡Son muchos los sementales que se han dado cuenta, a su pesar!

¡Ja, ja! ¡Ven que te abrace, vieja compañera de marcha! ¡Vamos a dar un paseo, solos tú y yo!

Instantes más tarde, el joven y su montura dejan Simla atrás y se adentran en el bosque.

Mmh... A ver si me acuerdo... Sí... Es por aquí.

Hello! Vengo a visitar a un viejo amigo... Se llama...

Aquí estoy, Philip.

!

¡Sushil! ¡Amigo!

Sin duda fuimos amigos, Philip Mortimer, pero hoy, tú representas al invasor inglés para mi pueblo... y para mí.

¿Pero qué me dices?

Mira lo que te he traído de Escocia. ¿Recuerdas lo que te prometí el día que me fui?

"Volveré, Sushil. Volveré con un poco de mi Escocia como agradecimiento de toda la India que tú me has dado." Como puedes ver, me he acordado.

¡Así que mira! Encargué estas dos dagas a un famoso armero de Glasgow. Tienen grabadas nuestros dos nombres como recuerdo de nuestra amistad. Se diferencian por el color de la piedra de la empuñadura. ¿Cuál quieres?

Philip, no quieres entenderlo. Las cosas han cambiado, y yo no quiero...

¡Está claro que tú no has cambiado, Philip! Siempre franco y directo. Me gusta, es muy raro entre las gentes de tu pueblo.

No quiero herirte o irritarte. Así que tomaré la daga con la piedra verde como Escocia y como el valle de Simla. Te agradezco que no hayas olvidado tu promesa. Por mi parte, te ofrezco una ocasión para entender qué sucede en mi país. Vuelve al pueblo cuando caiga la noche; el emperador Açoka va a hablar y así podrás abrir tu espíritu.

¡Ah, eso! ¡Todo el mundo se empeña en decirme que no puedo o no quiero entenderlo! ¡Pero si eso es todo lo que quiero, entenderlo! ¡¡Que alguien me explique qué futuro tiene una ideología que, para empezar, impide que dos viejos amigos sigan siéndolo!!

¿El emperador Açoka? Pero qué...

Ya lo verás esta noche.

Vendré, Sushil, ¡pero nadie va a convencerme de que la política puede destruir una amistad verdadera!

¿De verdad? ¿Sabes que tu padre prepara una gran velada para celebrar tu regreso? Ya verás, ninguno de tus amigos indios de infancia habrá sido invitado esa noche. ¡Ahora eres un adulto, y tú también debes someterte a los lords británicos de Simla!

Preocupado por las palabras de su amigo, Mortimer retoma el camino de Simla sin darse cuenta de que, a la sombra de un gran abeto, un extraño personaje le observa con atención.

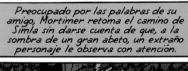

Esa misma noche, Mortimer vuelve al poblado. A su alrededor, hombres y mujeres venidos de las aldeas vecinas salen de todas partes.

En medio de la multitud reunida, Mortimer descubre a Sushil, que parece proteger a una joven de belleza singular y actitud reservada.

Tras abrirse camino entre la muchedumbre y las miradas hostiles, el joven británico se reúne con su amigo.

¿Ah? ¿Has venido?

Pues claro. No recuerdo haber rechazado nunca una de tus invitaciones, Sushil. ¡No iba a empezar hoy!

En ese momento, la mirada maravillada de Mortimer se cruza con la de la joven desconocida, que parece también animada por un brillo especial, lo que no escapa a Sushil, cuyo descontento es evidente.

Deseoso de romper cuanto antes el encanto del momento, el joven hindú decide hacer las presentaciones.

Mmm... Philip, te presento a la princesa Gita, hija de nuestro gran emperador, Açoka.

Me... Me siento honrado, princesa, yo...

De pronto, se escuchan los gritos estridentes de los babuinos y Sushil corta las presentaciones.

¡Ahora, silencio! ¡El emperador va a aparecer!

Pese a la mirada de reproche de Sushil, la joven, con un gesto grácil, invita a Mortimer a sentarse a su lado.

Desde la noche de los tiempos, las tierras de la India han sido violadas. Los bárbaros han sucedido a los bárbaros, hasta que, disfrazados con túnicas rojas o marrones, justifican su presencia llamándose "bienhechores civilizados". Desde el fondo del reino de los muertos, los gritos de nuestros hermanos oprimidos me han despertado tras siglos llenos de pesadillas... ¡Y aquí estoy!

Sin darse cuenta de las miradas que la princesa le dirige a hurtadillas, el joven británico se siente subyugado por la presencia de ese hombre que se dice inmortal y aún más por su discurso, en el que, durante más de una hora, lanza implacables latigazos a la educación y los principios que ha recibido desde su infancia.

Yo, Açoka, el primer emperador de la India, he vuelto para daros este único mensaje: ¡despertad, hermanos! ¡La India es vuestra y de nadie más! ¡Retomad vuestro coraje! ¡El mañana os pertenece!

Al bajar instintivamente los ojos al terminar sus exhortaciones, Açoka descubre que la mirada de su hija se ha sumergido en la del inglés y que ambos parecen indiferentes al entusiasmo de la turba.

Volviéndose, desaparece tal como apareciera.

¡Açoka! ¡Açoka!

¡Açoka!

¡Açoka! ¡Açoka!

¿Así que es usted el famoso amigo de la infancia de Sushil?

Eso me gustaría pensar, princesa. Por desgracia, parece que últimamente la política impedirá en adelante las amistades multiculturales.

Yo conozco un poco su país. Mi padre me envió a estudiar literatura y ciencias durante tres años.

¡Ciencias! ¡Fíjese, ésa es mi pasión! ¿Qué ramas le interesan?

Por suerte, la dureza de las intenciones de su padre han sido dulcificadas por la sonrisa de su alteza. Le deseo buenas noches.

Se hace tarde, Philip, y el emperador me ha encargado que conduzca la princesa a su lado. ¡Espero que la noche te haya interesado igualmente por el discurso que has escuchado!

Pues... En realidad... Ha sido muy... instructivo.

Al día siguiente, bien entrada la mañana, Mortimer, atraído por el sonido del piano, se reúne con su madre en el living-room.

¡Buenos días, madre!

¡Philip! ¿Has dormido bien?

Madre, ¿tú crees que es inaceptable que los hindúes quieran ser libres e independientes?

¿Qué quieres decir, my dear?

¿Somos realmente tan superiores a los pueblos que dominamos? Por ejemplo, ¿por qué un hombre de la buena sociedad británica no podría interesarse por una hindú sin escandalizar al establishment?

...No lo entiendo...

Es normal hacerse esas preguntas a tu edad, Philip. Las culturas están inscritas demasiado profundamente en el espíritu, y son demasiado distintas para que sea sencillo moverlas. Sólo el tiempo puede hacer que las cosas evolucionen.

Ah, Philip, te estaba buscando.

Creo que ha llegado el momento de que sepas la sorpresa que te preparamos. Esta noche daremos una gran fiesta en honor de tu regreso y de tus brillantes resultados escolares. ¿Qué? ¿Qué me dices?

¡Pues digo que será sin duda una velada magnífica! ¡Una velada sin hindúes! ¡Entre gente de buena cuna! ¡Mag-ní-fi-ca!

?!

By Jove! Quizá puedas explicarme, querida, si he dicho alguna cosa que no debería haber dicho...

Sucede, my dear, que tu hijo crece y que es más sensible de lo que parece, sobre todo en lo que se refiere a ciertos ideales de libertad y justicia. Y además...

¡¿Una hindú?! ¿Mi hijo? ¡¡Es absurdo!!

¡Calma, Archibald! No sirve de nada herir de frente las emociones de un chico que acaba de salir de la adolescencia...

"...Encontrará él mismo la voz de la razón."

La princesa Gita, por su parte, tampoco puede olvidar las emociones sentidas en la víspera. Sin madre a quien confiarse, se refugia en las páginas de su diario privado, dando rienda suelta a la expresión de sentimientos que su padre sólo podría reprobar.

Sintiendo la necesidad urgente de relajar cuerpo y espíritu, la joven decide dar un paseo por el bosque.

Buenos días, princesa. Me gustaría hablarle de este libro...

Más tarde, Sushil, más tarde...

En ese tiempo, Mortimer, llevado por su temperamento ardiente, ha atravesado el bosque y se encuentra en un paraje desconocido.

No lejos de allí, la joven hindú ha llegado a una balsa natural de agua pura, donde le gusta bañarse cuando siente la necesidad de estar sola.

¿

¡plouf!

!

Mudo ante el espectáculo que se le ofrece, el joven no ha reparado en la agitación de su montura, que, de repente, se encabrita.

¡HIIIII!

?

Ante la mirada horrorizados de la princesa, aparece un tigre, a quien el calor del verano ha atraído a regiones más frescas de los contrafuertes del Himalaya.

¡¡Philip!! No hagas ningún movimiento brusco. Intentaré atraer su atención.

?!

¡YAAA! ¡YAAA! ¡Mírame, señor tigre! ¡YAAA!

Princesa, qué... ¡¡NO!!

¡GROO!

Escogiendo la presa de apariencia más frágil, el felino se lanza hacia la joven, que se apresura a replegarse.

Esperando estar fuera del alcance de la fiera, intenta escalar el escarpado risco que pende sobre la balsa.

Pero, en su apresuramiento, pierde apoyo...

...Y cae ante las fauces del tigre...

¡¡¡GITA!!!

¡AAH!

¡GROAR!

¡GROAAAR!

Se acabó... Ese enorme gato ya no hará daño a nadie... ¡Por dios! ¡Ha sufrido una fea herida!

¡Hay que ocuparse de eso enseguida!

Instantes más tarde, Mortimer venda la mano de la joven con un trozo de su camisa.

Tendrá usted una cicatriz, princesa. No sé... No sé cómo darle las gracias por haber arriesgado su vida por mí.

Más bien yo debería agradecerte que me hayas salvado.

¡Nos hemos salvado mutuamente la vida! No cree que es una señal y que...

Es tan... tan...

No. ¡No digas nada! No ahora. Y no aquí... Podría ser...

¿Pues cuando?

Bien... Mañana por la noche. ¿Conoces el pequeño templo al lado del precipicio, más abajo del pueblo? Te esperaré a medianoche.

Allí estaré. De momento, concédame al menos...

...Espera... ¿No has oído nada?

Es imprescindible que regrese.

Bien. Lo entiendo.

¡Philip! No creas que te rechazo por ser británico. Al contrario... Me... Me acuerdo de un escritor de tu país que dijo: "Sólo el amor irracional es puro, el racional es sólo locura." Te suplico que...

¡HOLA!

¡Sushil!

¡Fergie!

¿Y bien, Philip? ¡Has perdido tu caballo! ¡Por suerte andaba por aquí! ¿Y a usted, princesa, que le ha sucedido?

¡Si lo supieras! ¡Un tigre nos ha atacado! Sin Ph... sin tu amigo, ¡creo que a esta hora estaría muerta!

Paseaba por aquí cuando, no se por qué, mi caballo se ha encabritado y he caído al río, y entonces...

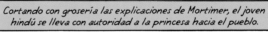

Cortando con grosería las explicaciones de Mortimer, el joven hindú se lleva con autoridad a la princesa hacia el pueblo.

¡Venga, princesa! Ya me explicará todo eso mientras volvemos. Vuelve a tu casa, Philip, voy a ocuparme de la herida.

Plagado de emociones contradictorias, Mortimer reemprende el camino de Simla.

Esa misma noche, que amenaza tormenta, los invitados llegan al cottage de la familia Mortimer.

El mayor ha previsto incluso para el joven una pareja de la buena sociedad, lo que no parece del gusto del interesado, aunque no deja pese a ello que nada trasluzca.

Philip, te acordarás del coronel Brickskin y de su encantadora esposa. Han venido con su sobrina, Agatha, de vacaciones en Simla. Cuento contigo para que compartas tus conocimientos sobre la región.

Eh… Será un placer, padre.

En honor del regreso de su hijo, el mayor Mortimer y lady Eileen han cuidado todos los detalles para acoger a sus invitados.

¡Philip!

Sabe, no vale la pena que me hable de la región, ya que olvido casi de inmediato todo lo que aprendo. ¡Ji, ji, ji! Pero me han dicho que le gustaría ser médico… ¡No sé por qué, pero adoro los médicos!

Ah, qué… qué divertido.

¿Me encuentra divertida? ¿De verdad? ¡Ji, ji, ji! ¡Es usted adorable! ¡Ji, ji, ji!

Me siento… eh… Muy halagado, señorita, pero creo que voy a decepcionarla. La ciencia me interesa, pero no deseo convertirme en médico.

¡No hay problema! ¡Adooro a todos los científicos! ¡Ji, ji!

¡Son tan inteligentes, tan locos, tan importantes…!

¡Master Philip!

Eh… perdone que la interrumpa, Agatha, pero veo que me llaman.

Siento interrumpirle, master Philip, pero su padre le reclama.

No me interrumpes, mi buen Rajiv, ¡más bien me rescatas!

¿Me buscabas padre?

¡Ah, Philip! ¡Tengo una sorpresa para ti!

¡Francis! ¡Qué alegría volver a verle! ¡Qué feliz casualidad…?

La casualidad poco tiene que ver, my boy. La pasada tarde, por teléfono, le pedí al coronel Blake que nos visitara junto a su hijo. Han aceptado venir a pasar unos días en Simla.

El retumbar del trueno ha ganado intensidad cuando Lady Eileen conduce a los invitados a la mesa.

23

Dos horas más tarde, al final de una cena muy agradable...

Le... Levanto mi copa por nuestro joven amigo... eh... Philip, y formulo para él y para la nueva generación el voto de...

i...Que hagan prosperar nuestra India bien amada como han hecho las generaciones... eh... precedentes! ¡Sa... salud!

No estoy tan seguro como usted de que se trate de NUESTRA India, Mister Brickskin, pero con agrado me uno a su brindis por su futura prosperidad.

Sin que los invitados tengan tiempo de comprender la respuesta de Mortimer, el rayo cae frente a la puerta-ventana, que se abre con violencia en medio del estruendo de vidrios rotos.

KLING
KLING
KRAAK
KLING
KLING

Mientras los criados se apresuran para cerrar las ventanas, tres monos gigantes salen de la noche.

Sin hacer caso a los gritos de pánico, se apuestan tras los invitados, con intención evidente de vigilarlos.

¡AAH!
¡HIII!
¡¡HIII!!

¡En nombre del cielo, Philip, sálveme! ¡Los monos van a comernos! ¡No quiero morir! Yo...

Cálmese, Agatha. Es extraño. Parece que sólo quieran...

De repente, el rayo cae de nuevo, y en el silencio que le sigue...

KRAAK

...Una impresionante aparición se presenta ante los reunidos, mudos de estupor...

Retomando la iniciativa, el mayor Mortimer, ciego de ira, ordena librarse del intruso que acaba de arruinar su velada.

¡Wadjahe! ¡Echa inmediatamente a ese individuo de aquí! Esta intrusión...

Sin dejar que el mayor termine su frase, uno de los monos, tras un gesto de Açoka, ataca al desafortunado criado y lo levanta como a una brizna de paja...

...Sólo para lanzarlo con fuerza sobre la mesa de los licores, entre los gritos de pánico que vuelven a sonar.

KRAAK

¡HIII!

¡Ordeno que cesen esos gritos! Abrid vuestras orejas y vuestro espíritu a mis palabras y no correréis ningún peligro... inmediato.

Yo, Açoka, primer emperador de este país, me he arrancado de la paz eterna para devolver a los pueblos de la India la libertad y el orgullo que vosotros les habéis robado. ¡Iros! ¡Iros ahora con vuestra civilización! ¡Dejad Simla, Delhi y todas las ciudades a las que habéis esclavizado! Subid de nuevo a vuestras naves y volved a vuestra isla...

¡...Antes de que mi cólera no caiga definitivamente sobre vuestras miserables... personas!

En cuanto a ti, Philip Mortimer, te prohíbo que vuelvas a acercarte a mi hija. ¡Prohíbo que tus manos tan blancas toquen la más pura joya que voy a ofrecer a la India!

¿Quién es usted, especie de... degenerado, para permitirse semejante arrogancia? ¡Le ordeno que se vaya con su repugnante compañía!

¡GRRR!

¡¿Me ordenas que me vaya, inglés?! ¡¡Sabe que aquí, como en toda la India, estoy en MI CASA!!

KRAAK

!?

¡¿Pero adónde ha ido?! ¡¡Esto es un sortilegio!!

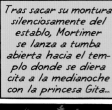

¡Ay!

¡Damned! ¡Mi tobillo!

Esta rama me ayudará...

Temiendo perder su cita, Mortimer prosigue valientemente su camino, pese al dolor que le atenaza.

¡Dos veces en dos días! ¡Esa maldita yegua no sabe con quién se mete!

Cuando al fin alcanza su objetivo, con más de una hora de retraso...

Es sólo para darse cuenta, disgustado, de que sin duda ha llegado demasiado tarde.

¡Princesa! ¡Princesa Gita! ¿Está usted aquí?

?

Muy decepcionado, el joven vaga por las ruinas cuando, de pronto, se fija en un trozo de tela enganchado a un matorral.

Parece un trozo del sari de la princesa...

¡HIII!

¡Ah! ¡Ahí estás! ¡Si no me hicieras falta para volver, creo que te abandonaría aquí mismo! ¡Vamos! ¡Ven aquí!

Perdido en sus pensamientos, Mortimer retoma el camino que lleva a Simla.

Dos horas más tarde...

¡Francis! ¡Francis!

¡Francis! ¡Gracias a Dios que está ahí! Me he torcido el tobillo, y necesito que me ayude a trepar.

No se mueva, el tiempo de atar las sábanas y le subo.

A la mañana siguiente llega el momento de la despedida. A Mortimer le embarga la emoción, ya que no duda que pasará mucho tiempo antes de su regreso a Simla.

Sé que siempre seremos amigos, Francis. ¡Cuando vuelva a nuestro país hágamelo saber!

A mí también me alegrará volver a verle, Philip. Hasta entonces, le deseo un feliz retorno.

Por favor, Rajiv... Cuando veas a Sushil, pídele que salude de mi parte a la princesa Gita, y dile que le reservo toda mi amistad, pues sé que siempre cuidará de ella.

Haré lo que me pide, Sahib Mortimer, puede confiar en mí.

Poco después, en la estación...

Si quieres estirar las piernas antes de la salida, ahora es el momento. Yo me ocupo de que suban el equipaje.

Ignorando a la multitud que le rodea, el joven deja que su mirada se pierda por el escenario de su infancia, que no volverá a ver.

De pronto...

¡Toma, inglés! ¡Te olvidas de esto!

?!

Superando su sorpresa, Mortimer intenta responder con toda la calma posible.

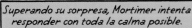

Te agradezco que hayas venido, emperador Açoka, pero esa daga no es mía.

¿Cómo, no es tuya? Te he visto llevarla en el cinto, ¿por qué me mientes?

No te miento. Tenía en efecto un cuchillo parecido, pero el mío tenía como decoración una piedra azul. Éste se lo regalé a Sushil el día que nos volvimos a ver como recuerdo de nuestra amistad de infancia.

¡Ah! ¿Y dónde está el tuyo?

Debe seguir donde lo dejé: ¡clavado en el pecho de un tigre que pretendía devorar a tu hija!

Descontento con la respuesta de Mortimer, el extraño personaje parece dudar...

Entretanto, el mayor Mortimer ha terminado de supervisar la colocación del equipaje. Se dispone a invitar a su hijo a reunirse con él, cuando reconoce la silueta de Açoka que, rodeado de sus terribles monos, se encara a su hijo.

¿Osas pretender que salvaste a mi hija?

¡¡Cuando eres tú quien la ha matado!!

!?
!!

¿¡Matado…?! ¿Qué…?

¡Capitán! ¡Aprisa! ¡Reúna a sus hombres! Un… peligroso individuo acompañado de unos monos monstruosos está amenazando a mi hijo. ¡Rápido! ¡Muévase!

¡Mi hija única se ha suicidado esta noche! ¡Por tu culpa! ¡Te creyó sincero, y tú jugaste con sus sentimientos! Lo escribió todo en su diario personal: ¡su dolor cuando te vio anoche con esa joven inglesa, una duplicidad que no pudo soportar! ¡Se cortó las venas y se tiró por un barranco! ¡¡Tú la has matado!!

En ese tiempo, los soldados, al fin reagrupados, se abren camino entre la compacta muchedumbre.

¡PASO! ¡PASO! ¡ABRAN PASO!

Confuso y estupefacto, Mortimer ya no percibe la agitación de la multitud y apenas escucha las palabras de la maldición de Açoka.

¡Que el sentimiento de culpa te persiga todos los días de tu vida, Philip Mortimer, hasta aquel en que volvamos a encontrarnos! ¡Ese día llegará mi venganza! ¡Pero antes… quiero que sufras!

¿Dónde está su agresor? ¿Le vio irse, sir?

?

¡Increíble! ¡Pues no ha desaparecido! ¡Hace un momento estaba aquí con sus monos!

¡Philip! ¡¿Estás bien?! ¿No estarás herido?

Eh… No, no.

Well. Vamos a nuestros asientos. Desde luego, es hora de que te alejes de Simla.

El trozo de sari que recogiera al borde del precipicio era suyo... Debió hacerse con la daga de Sushil y se cortó las venas... Esa imagen insoportable aparece una y otra vez ante sus ojos.

Y empieza el viaje de vuelta. Esta vez, sin embargo, Mortimer permanece indiferente ante la embriagadora belleza del paisaje.

Le cuesta aceptar que la dulce Gita haya dejado este mundo. ¡Y encima por su culpa! ¿Cómo pudo creer que él pudiera enamorarse de la estúpida Agatha?

ZZZZ

Agotado por la emoción dolorosa que le domina, Mortimer termina por caer dormido.

Y deja mecer sus sueños por el ritmo acompasado del tren.

¡Mientras llega el día de la venganza de Açoka...!

¡QUE TE CONSUMA LA CULPA, MORTIMER!

¡NOOOO!

Con las primeras luces del alba del 1 de febrero de 1958, los londinenses no tienen prisa en abandonar sus cálidos lechos. Sin embargo, en el 22 de Park Lane, un grito se deja oír en todo el edificio y se enciende una luz.

¡Philip! ¡¿Qué pasa?!

¡No...!

¡No! ¡Yo no la he matado! ¡¿Por qué habría hecho algo así?!

¡Philip! ¡Cálmese!

¡Açoka! ¡Ha vuelto! ¡Quiere vengarse!

¡Vamos, old chap! ¡Vuelva en sí! Estamos en Londres...

¡Y ese maldito Açoka debe llevar tiempo muerto!

God Lord! Esa vieja pesadilla todavía me persigue.

Hacía varios años que no le pasaba.

Es verdad... Aún así, me ha parecido más real que nunca. Siento mucho haberle despertado.

No tiene importancia. Además, el sol se levanta y conviene hacer lo mismo. Llamaré a Mrs. Benson; ¡un buen desayuno no va a estar de más!

¡Excelente idea!

Media hora más tarde, Mrs. Benson les deja frente a una generosa mesa.

En realidad, Philip, ¿no es hoy cuando se va para reunirse con el equipo del pabellón británico en Bruselas?

Así es...

Los trabajos de infraestructura casi han concluido. Ya podemos ocuparnos del acondicionamiento interior. No va a ser fácil competir con los americanos, los soviéticos o los belgas, que no están precisamente ociosos.

Todo el mundo ya está diciendo que esta exposición Universal será especialmente notable.

Bien, espero impaciente ver el resultado de sus esfuerzos. No veo imposible que pueda dejarme caer por Bruselas dentro de unos diez días.

Mientras los dos amigos prosiguen su conversación, la nieve empieza a caer suavemente sobre la capital británica.

31

A principios de marzo, el verano sigue siendo todo menos cálido en la Antártida, y el equipo científico hindú que desembarca su material en la base británica de Halley se da perfecta cuenta.

El descenso de la temperatura se ve acentuado por un fuerte viento, que dificulta especialmente las maniobras de descarga.

?!!

¡Por Siva! ¡¿Es que no puedes poner más atención, pedazo de asno?!

¡Vaya, profesor! Su capataz parece muy nervioso. ¡¿Lleva porcelana en los contenedores o qué?!

Pues... No... Son sólo paneles de construcción para los barracones con... eh... las ventanas ya empotradas. El largo viaje sin duda ha puesto nerviosos a los hombres.

El frío también debe de tener algo que ver. No deben de estar muy acostumbrados.

No se equivoque, comandante, la mayor parte vienen de los contrafuertes del Himalaya, al norte de la India. Allí los inviernos son muy duros, y es justamente por esa razón que han sido escogidos para esta misión.

Por cierto, nos hemos ocupado de lo que acordaron nuestros gobiernos en el marco de nuestro convenio de cooperación. Un cable une su campamento a nuestro generador eléctrico, y el contacto por radio está garantizado. En caso de necesidad, podrán llamarnos.

Gracias por su ayuda, comandante. Ahora le dejaré, nuestra pequeña caravana está lista para partir... ¡Y no me gustaría recorrer a pie los tres kilómetros que nos separan de Gonwana!

Buen viaje, profesor. ¡Venga a tomar el té con nosotros cuando quiera!

¡Comandante Byrd!

¿Qué pasa, Brian?

El profesor Mortimer acaba de ponerse en contacto con nosotros. Le gustaría hablar del último informe sobre el movimiento de las fallas submarinas.

32

Medio atontado por el golpe, Olrik comprende que se encuentra en una especie de prisión invisible.

Se habrá dado cuenta, coronel, de que la jaula electromagnética que le rodea es a prueba de sus ridículos ataques de nervios. Como ha hecho que mis monos se exciten considerablemente, más vale que le deje ahí, de momento.

¿Qué es toda esa historia? En primer lugar, ¿quién es usted? ¡¿Y por qué me han sacado del gulag sólo para aprisionarme aquí?!

Es cierto que no nos han presentado, y le debemos algunas explicaciones. Soy Açoka, el emperador eterno de la India, de vuelta del reino de los muertos para liberar definitivamente a mi país del yugo del excolonizador británico, antes de liberar a todos los pueblos que siguen siendo víctimas de sus antiguos invasores occidentales.

Sepa, Coronel, que gracias a conocimientos acumulados en el transcurso de los siglos, dispongo de una tecnología avanzada y sin precedentes. Gracias a la financiación y al apoyo logístico de estos señores de la KGB soviética, he conseguido poner a punto el arma definitiva, que el profesor Anartapur y yo mismo nos disponemos a probar aquí mismo, en esta base secreta. Y es para ese test que le he hecho venir, ya que necesito su colaboración.

¡¿Mi colaboración?! ¿Y por qué justamente la mía? Es más, si necesita mi ayuda, ¿por qué tratarme como a un prisionero? ¡Podríamos hablar....!

Yo no tengo de qué hablar con un canalla oportunista de su ralea. Si necesito su participación en nuestra primera acción significativa, es porque tengo una cuenta personal con un viejo conocido suyo... ¡el profesor MORTIMER!

¿Mortimer?! ¡Pero si es mi enemigo jurado! Si alguna vez lo encuentro yo...

Su deseo va a cumplirse, coronel!...

Para lograr lo que ambiciono y al mismo tiempo obtener mi venganza, mi arma necesita un cerebro inteligente y sin escrúpulos. ¡El suyo contiene además el odio que usted alberga hacia Mortimer, lo que hace de usted el sujeto ideal! Cuando supe que sus últimas fechorías le habían llevado a ser entregado a los soviéticos, le pedí a mi amigo el mayor Varitch que me lo trajera como "regalo".

El profesor Anartapur le explicará los detalles cuando sea necesario. Ahora descanse, pues le necesitamos en plena forma. Buenas noches, coronel.

¡Un momento! ¡No se vaya! ¡No pido más que me deje ayudarle! ¡Libéreme! ¡Aquí me voy a morir de frío....!

No hay piedad para los traidores que colaboraron con Voronov para intentar derribar a nuestros líderes [1]. Además... el frío es bueno. Se trata de que esté usted muy frío y a punto mañana... ¡Sobre todo muy frío!

¡Muy, muy frío! ¡Ja, ja, ja!

¡Maldito seas, Mortimer! ¡¿Me oyes?! ¡¡Te maldigo!!

(1) Ver "La maquinación Voronov"

Bruselas. El día llega a la avenida Molière y la casa del doctor Pierre Claes d'Erkenteel.

Miembro destacado de la organización de la Exposición Universal, que dirige el barón Moens de Fernig, el doctor y su esposa han insistido en que su viejo amigo, Philip Mortimer, acepte su hospitalidad durante su estancia en la capital del reino.

¡Buenos días, Philip! ¿Ha dormido bien?

¡Buenos días, Pierre, Béatrice! Aparte de algún sueño un tanto movido, he dormido perfectamente.

Y bien, Philip, ¿cómo siguen sus preparativos?

Está todo casi terminado. Las primeras pruebas se harán mañana.

¿No es esta mañana cuando va a recoger a su amigo? Su habitación está lista, y nuestro chófer le llevará a la estación. Aproveche el día para visitar la ciudad y relajarse un poco.

Béatrice tiene razón. ¡Tómese el tiempo de descansar sus ideas, aunque sólo sea por un día!

Tienen razón, amigos. Intentaré seguir sus consejos.

Media hora más tarde, al pie de la torre de la estación del sur...

¡Siento el retraso, Francis! ¿Ha tenido

¡He llegado ahora mismo, old chap!

Todo me recuerda mi última estancia en Bruselas, aunque fue todo tan furtivo que no tengo otro recuerdo que esta misma vista. [1]

¡Bien, es hora de llenar esa laguna! Será un placer servirle de guía; Bruselas es una ciudad extraordinariamente rica para quien se toma el tiempo de descubrirla.

No lo dudo, ¡pero le confieso que estoy impaciente por descubrir la Exposición de la que ya se oye tanto de positivo!

¡En ese caso, chófer, vamos directamente!

Se le ve cansado, Philip... sospecho que trabaja demasiado.

Oh, no... es por esta noche. He tenido una extraña pesadilla: Olrik, rodeado de los monos de Açoka, me amenazaba con toda clase de desgracias...

Lo que yo decía, trabaja demasiado. En cualquier caso, Olrik está o muerto o pudriéndose en algún gulag soviético. ¡Puede dormir muy tranquilo!

[1] Ver "El misterio de la gran pirámide"

36

Veinte minutos después, el coche de Blake y Mortimer llega a los amplios terrenos de la Exposición, dominada por el pasmoso Atomium.

Coja la Avenida de Europa, la próxima a la derecha.

Ahí está el pabellón Philips, diseñado por Le Corbusier.

¡Sorprendente!

Y aquí tiene el pabellón británico. ¿Qué opina, querido Francis?

¡Al menos es original!

Le propongo una rápida visita...

...y después iremos al pabellón "British Industry", que está al lado. Así le presentaré a mi equipo.

¡Psst! ¡Psst! ¡Oye, chico!

?

¿Me llama a mí, señor!

Pues sí, tengo que pedirte un favor.

¿Quieres ganar algo de dinero? Querría gastarle una broma a un amigo...

Una hora más tarde...

...Así que la cuestión era cómo competir con "el efecto Sputnik", ya que los soviéticos exhiben una réplica en su propio pabellón...

...Nos hacía falta un "bip" proveniente de algún lugar que pareciera remoto al gran público. Y se nos ocurrió establecer comunicación permanente por radio con la Antártida, vía nuestra base científica de Halley...

Cuando se establezca el contacto con el sexto continente, esta luz roja parpadeará. El público podrá así ver en tiempo real los datos provenientes del Polo Sur, tales como temperatura, insolación, viento, fauna, etc.

¡Impresionante! ¡Sin duda esa idea le valdrá un número considerable de visitantes!

¡Eso esperamos...!

Francis, le presento a mi ayudante en el proyecto Antártida, el señor Baju Singh, un brillante ingeniero electrónico especializado en telecomunicaciones, que ha venido de Delhi en el marco de nuestros acuerdos de cooperación científica con la India. Mister Singh, le presento a mi viejo amigo el capitán Francis Blake.

Encantado, Capitán. ¿Puedo presentarle a los demás miembros del equipo?

Adelante.

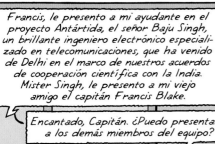

Aquí tiene a Georges Liver, nuestro asistente en electrónica, Miss Gwineth Jones, sismóloga, y Baghal Ranchi, meteorólogo. Todos están aquí para explicar a los visitantes los principios de sus especialidades y sus aplicaciones en la investigación en el Polo Sur.

Aprovecho su presencia para mostrarle este maravilloso pequeño invento de Georges. Se trata de un mini emisor-receptor que, gracias a una antena de transmisión instalada en el techo de nuestro pabellón, nos permitirá enviarnos señales sonoras unos a otros, sin importar dónde estemos en el recinto de la exposición. Según el indicador que se encienda, sabremos quién nos busca. Práctico, ¿verdad?

Sin duda lo será. Pero temo que si estos aparatos nos invaden, ¡nunca estaremos ya tranquilos!

¡Ja, ja, ja! ¿No es usted un poco conservador para ser un científico, profesor?

Pues bien, mientras esperamos los días venideros, el capitán y yo les dejaremos trabajar. Le prometí a nuestro viejo amigo, el profesor Labrousse [1], que se ocupa de la meteorología en el pabellón francés, que iríamos a visitarle. Hasta luego, mister Singh.

BRITISH INDUSTRY

¡Créame, esto es apenas un balbuceo comparado con lo que nos reserva el porvenir!

Je, je... Gracias a este pequeño invento, no perderemos el rastro del "viejo". ¡Varitch estará contento!

[1] Ver "S.O.S. Meteoros"

Instantes más tarde, los dos amigos llegan al impresionante pabellón construido por Francia.

—¡Labrousse!

—¡Mortimer! ¡Blake! ¡Bienvenidos!

—Me siento muy feliz de que hayan podido venir hoy. Por desgracia, no tendré el placer de hacerles visitar nuestro pabellón. Acaban de informarme de que debo irme mañana por la mañana, y no veo cómo podré terminar todo lo que tengo pendiente antes de esta noche.

—Parece ser que, en el marco del Año Internacional de la Geología, y por una serie de motivos buenos y malos, mi gobierno me pide que acelere el programa de pruebas de uno de nuestro inventos que, puedo decirles sin falsa modestia, podría revolucionar el mundo de la geología y de la meteorología...

—Querido, empieza usted a despertar mi curiosidad científica.

—¡Conociéndole, me extrañaría lo contrario! Sin entrar en detalles, digamos que, con ayuda de ingenieros mecánicos, he puesto a punto un submarino que podrá desplazarse por el agua... ¡y por el hielo!

—¡¿Por el hielo?!

—Me ha escuchado bien. La idea es poder estudiar el aire del pasado, atrapado en la zona más profunda de los hielos, y acercarse también a las rocas antárticas, sepultadas bajo ellos. Numerosos meteoritos duermen allí desde hace millones de años, y quizá consigamos, por fin, acceder a ellos.

—Todo esto resulta apasionante, pero no querría que se retrasara. ¡Prométame que me lo contará todo cuando regrese!

—Cuente con ello. Pero quizá hablemos antes. Mi avión me lleva a Ciudad del Cabo, donde en tres o cuatro días debo embarcar a bordo de un carguero que llevará la máquina hasta la "Europole", la base francesa. Hará escala en la base británica de Halley, así que aprovecharé para saludar de su parte al Comandante Byrd, de quien tanto me ha hablado, y para probar en persona su conexión por radio con la Exposición.

—¡Es una coincidencia que demuestra de nuevo cómo el mundo empequeñece día tras día!

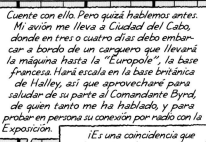

Deseosos de no robar más tiempo al profesor Labrousse, Blake y Mortimer desean buen viaje a su amigo y abandonan el pabellón francés.

—Pobre Labrousse. ¡Los próximos días van a ser agotadores para él!

De pronto, un repartidor en bicicleta pasa en tromba al lado de los dos amigos, faltando poco para hacerlos caer.

—...Y sigue su camino sin girarse.

—Goddam! ¡Pequeño maleducado! ¡Casi nos tira, ese golfo!

—¿Tiene algo, Francis?

—¡Sí! ¡Un... mensaje!

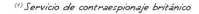

¡Philip! ¡No esperaba verle antes de la noche! ¿Y usted debe de ser el Capitán Blake? ¡Bienvenido a Bruselas y a la Exposición, querido amigo!

Francis, le presento a nuestro anfitrión, el doctor Claes d'Erckentael, que se ocupa, entre otras cosas, de la exposición dedicada al arte congoleño.

Siguiendo al doctor Claes en la visita al pabellón, Blake conduce discretamente la conversación hacia el tema que le interesa.

¡Imagino que en una organización como ésta es imprescindible conocer muy bien al equipo!

Por supuesto, pero sobre todo hay que saber rodearse de colaboradores competentes, como Bert Van den Brand, al que ven allí, que es el capataz del equipo congoleño. Se ocupa de la seguridad en lo que respecta a los animales salvajes, que se presentarán al público a manera de zoo.

Encantado de conocerle, doctor, y de poder agradecerle su hospitalidad.

Bert, le presento al profesor Mortimer y al Capitán Blake, que se han interesado mucho por nuestra exposición.

Bienvenidos a nuestro pabellón, señores. Como pueden ver, el trabajo de instalación dista de estar completo.

Cuento con un equipo numeroso, pero difícil de organizar, ya que muchos de mis congoleños pertenecen a etnias diferentes que no se aprecian mucho entre ellas, por no hablar de los que sólo sueñan con la independencia.

I see.

GRRR

Pero no estamos aquí para hacer política, sino para mostrar al público obras de arte, descubrimientos técnicos y espectáculos como éste que los watusi ensayan ante sus ojos. Impresionante, ¿verdad? Y muy dispuestos a cooperar, pese a sus deseos independentistas.

¡En efecto!

El señor Boniface Mukeba, que dirige la delegación Watusi.

Le felicito, señor Mukeba. ¡Sus bailarines son magníficos!

Gracias, señor. Les transmitiré con gusto su cumplido.

Dominado por una súbita intuición, el jefe del MI5 británico decide hacer una alusión "inocente" al uranio para estudiar la reacción del dirigente watusi...

He estado algunas veces en su país, y su cultura me ha impresionado, ¡por no hablar de sus riquezas! Los diamantes, el cobre... y sin olvidar el uranio...

Es cierto... ¡Lástima que sólo sean los extranjeros quienes se aprovechan!

Sin añadir palabra, el joven se aleja bajo la mirada de Blake.

Y ahora, señores, ¿qué dicen de venir a cenar? ¡Mi esposa prepara las ostras como nadie!

¿Ostras...? Eh... ¡Excelente idea!

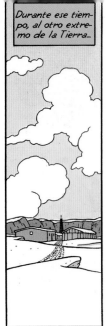

Durante ese tiempo, al otro extremo de la Tierra...

¡Bien, señores! ¡Espero que todo esté a punto!

Podemos proceder con la primera prueba en cuanto dé la orden, alteza.

No importa quién sea, escúcheme. Tras reflexionar, he decidido cooperar.

¡Pero si es lo que va a hacer, coronel...! No le doy opción. Para empezar, quítese la ropa.

¿Qué... qué son todos estos aparatos?

Es un arma nueva pero, tranquilícese, mucho más evolucionada que el rudimentario encefaloscopio que el profesor Septimus [1] experimentó con usted en el pasado. Mi invento es mucho más eficaz y decididamente menos arriesgado para usted... ¡ya que no va a moverse ni un milímetro! El profesor Anartapur le explicará su funcionamiento.

Bajo los efectos del anestésico que le estoy inyectando, entrará en un estado semiinconsciente parecido al sueño. Semiinconsciente, ya que su conciencia permanecerá activa durante todo el tiempo en que dure esa especie de estado hipnótico...

Nuestros sentidos o, dicho de otro modo, nuestra manera de percibir el mundo que nos rodea, funcionan gracias a las pulsaciones eléctricas que intercambian los millones de neuronas que forman nuestro cerebro. Sabiendo esto, hemos ideado un transmisor cerebral al que llamamos, debido a su forma, "el sarcófago", que obtiene su energía del uranio...

Esta máquina es capaz de captar las pulsaciones eléctricas del cerebro, de copiarlas en forma de onda, de aumentar considerablemente su potencia y de actuar a distancia, en cualquier lugar del mundo, a través de las ondas hertzianas o eléctricas del planeta.

En pocos instantes, va a dormirse. Rápidamente, su cerebro volverá a ver y a escuchar normalmente... a través de la consola que lo habrá sintonizado. Cuando queramos, podremos llevarle virtualmente a donde deseemos, y hacerle actuar sobre las instalaciones eléctricas que escojamos, a las que accederá mediante las ondas que nosotros veremos en nuestra pantalla de control mediante sus ojos virtuales. Fabuloso, ¿verdad?

Debo precisar, coronel, que si desobedece nuestras órdenes, nos basta cortar el contacto para aislar de inmediato su cerebro virtual. Si éste no se reintegra con su cuerpo, usted será un vegetal el resto de sus días. ¡Le aconsejo encarecidamente que coopere como nos ha propuesto tan amablemente!

Segundos más tarde, Olrik pierde el conocimiento, a la par que el agua helada invade el sarcófago.

¡Responde! ¡Su cerebro está conectado y la temperatura de su cuerpo desciende con normalidad!

¡Perfecto! En una hora, podremos accionar el receptor de pulsaciones. ¡Estén listos!

[1] Ver "La marca amarilla"

En ese mismo momento, tras haber pasado una noche sin pesadillas bajo el techo del doctor Claes, Blake y Mortimer regresan al pabellón británico.

Mire, Philip. ¡Parece que hay tensión en el equipo!

¡Sería la primera vez! Veamos que pasa.

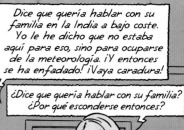

Dice que quería hablar con su familia en la India a bajo coste. Yo le he dicho que no estaba aquí para eso, sino para ocuparse de la meteorología. ¡Y entonces se ha enfadado! ¡Vaya caradura!

¿Dice que quería hablar con su familia? ¿Por qué esconderse entonces?

Y bien, mister Singh. ¿Qué pasa aquí?

Es la tercera vez que sorprendo al señor Ranchi intentando usar nuestra estación de radio al margen de los demás.

Ya lo descubriremos. De momento, concentrémonos en esa primera prueba con la base de Halley que debemos realizar.

Tres cuartos de hora más tarde, cada asistente está en su puesto y el profesor Mortimer llama al equipo británico de la Antártida para anunciar que el equipo de Bruselas está a punto.

Philip Mortimer al Comandante Byrd, ¿me recibe...? Repito...

Le recibo cinco por cinco, profesor. Estamos listos y sólo esperamos su orden para enviar nuestros datos de forma continua.

En ese caso, adelante, Comandante. Le propongo que realicemos esta primera conexión hasta las 12 horas. Ya haremos balance por la tarde.

Mensaje recibido, profesor.... ¡Allá vamos! Hasta pronto.

El seguimiento de la prueba queda en manos de los especialistas, Francis. Si quiere, podemos salir a tomar el aire.

En ese caso, ¿podemos volver al pabellón congoleño? Me gustaría volver a ver a algunas personas...

¡Profesor Mortimer! En caso de emergencia, ¿ya tiene su emisor-receptor?

Sí, señor Liver. No se preocupe, está a buen recaudo, en el fondo de mi bolsillo.

¡Hasta luego, amigos!

Llega justo a tiempo para nuestra primera prueba, mayor Varitch. Nuestro espía acaba de comunicarnos que todo está listo para probar nuestro sarcófago y, por nuestra parte, ya hemos capturado el cerebro de nuestra cobaya.

¡CLIC!

¡No queda sino enviarlo a causar estragos en Bruselas! ¡JA, JA, JA!

Tras recorrer a paso ligero las avenidas que llevan del pabellón británico al del Congo Belga Ruanda Burundi, el capitán Blake y su amigo se detienen de repente, presos de total estupor.

Good Lord, Philip! ¡Mire!

By Jove!!!

Mientras extraños sonidos llenan el aire, todas las luces del Atomium y de los pabellones a su alrededor se ponen a parpadear a plena luz del día...

HEAVENS!!!

?

¡Los cables... van a....!

GOD LORD!

¡¡FUERA!!

Refugiados en el interior del pabellón congoleño, Blake y Mortimer descubren que el catastrófico fenómeno se les ha adelantado.

CLAC

Privado de su conductor, el pequeño tractor va a estrellarse contra la jaula de la leona. El cerrojo salta debido al impacto...

...liberando a una fiera, muy nerviosa por el ambiente electrificado del pabellón.

GRRRR...

44

¡Cuidado, Francis! ¡Va a atacarnos!

Listos para saltar cada uno hacia un lado...

a duras penas el primer ataque de la leona...

...que se revuelve contra Mortimer...

...cuando, de repente, un lazo de acero corta el aire...

..y detiene en seco la poderosa acometida de la fiera.

Vaya, Mister Van den Brand, le debemos un gran favor. Sin su precisa intervención...

Como responsable de la seguridad, me corresponde más bien pedir disculpas. Me parece que la idea de exponer estos animales va a descartarse. Con estos increíbles fenómenos...

¡Por cierto! Qué extraño, es como si hubieran parado de golpe...

Es imprescindible que compruebe si ha habido daños en nuestro pabellón.

Dejen que les lleve, mi coche está aquí al lado. ¡Al menos les debo eso!

Pocos minutos más tarde...

¿Y bien, Mister Singh? ¿Todo va bien aquí?

¡Pues sí, profesor! Todo se ha desarrollado a la perfección. Hemos terminado la prueba exactamente a las 12 horas, tal como convinimos... Pero, ¿qué ha pasado? ¿Qué era todo ese ruido ahí fuera?

Nada que tenga tiempo de explicarle ahora. Si nuestro pabellón se ha librado, tanto mejor. Pero tengo que ver al doctor cuanto antes para analizar la situación. ¡Hasta luego!

Sin dar más explicaciones a su ayudante, el profesor arrastra a su amigo hasta la salida, cuando de pronto...

¡Psst! ¡Profesor! ¡Capitán!

Goddam! ¡¿Usted aquí?!

?!

Pasada la sorpresa inicial, una alegría profunda invade los rostros de Blake y Mortimer, que han reconocido al antiguo compañero de pasadas aventuras. (1)

¡Nasir! ¡No estoy soñando, es usted!

Encantado de volver a verle, Capitán. ¡Y también a usted, profesor!

Es una afortunada coincidencia volver a verle aquí, pero por desgracia, los acontecimientos catastróficos de la última hora nos obligan a reunirnos con los responsables de la Exposición y...

No es coincidencia, profesor...

...Yo soy el agente del gobierno hindú al que esperaba el capitán. Además, estoy en posición de decirles que los recientes acontecimientos están relacionados con una acción terrorista de gran envergadura. Más vale que hablemos en algún lugar discreto antes de que se reúnan con nadie más.

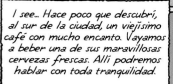

I see... Hace poco que descubrí, al sur de la ciudad, un viejísimo café con mucho encanto. Vayamos a beber una de sus maravillosas cervezas frescas. Allí podremos hablar con toda tranquilidad.

Al poco rato, un taxi se detiene a la entrada del "Vieux Spytigen Duivel"

Se acordarán de que, tras haberles dejado y haber vuelto a la India, llevando en el bolsillo sus cartas de recomendación, entré en el servicio de información de mi país. Tras recibir formación teórica sobre la nueva situación geopolítica en la India independiente, me destinaron a trabajar al campo, ya que, por desgracia, en mi país la amenaza de conspiraciones es continua.

Hace poco más de un mes, a mis superiores les llegó la noticia de una conspiración de países tercermundistas financiada por algunos maharajaes ansiosos de poder. Los antioccidentales cuentan con el apoyo de otros países, recientemente descolonizados o en vías de serlo. En ese marco fui enviado junto a un joven recluta en misión a Simla, un lugar que usted conoce bien. Por desgracia, mi joven colega fue asesinado durante la misión, no sin tener tiempo de obtener algunos datos esenciales...

El líder de la conspiración es una especie de mago, al que se le atribuyen poderes extraordinarios, y que habría puesto a punto un arma temible, que podría alterar radicalmente la relación de fuerza Norte-Sur... sobre todo porque cuenta con el apoyo soviético. Yo mismo vi como un oficial ruso llegaba en un Zil a esa reunión secreta.

Para acabar, esos terroristas han decidido tomarla con la Exposición de Bruselas como primer campo de acción... cosa que los acontecimientos del día parecen confirmar.

¡Demonios! El asunto es más grave de lo que pensaba...

Temo que el tráfico de uranio esté ligado a esa famosa arma secreta. Además, si los soviéticos se han involucrado en todo esto, apostaría sin dudarlo a que habrán introducido algún espía entre sus colaboradores más próximos, Philip.

¡¿Qué?! ¡Un traidor en mi equipo! ¿Pero quién? ¿Ranchi...? ¿Liver...? ¡Espero que no sea Miss Jones!

Debemos descubrirlo lo antes posible. Como hindú, creo que estoy en disposición de ayudarle, profesor. Este es mi plan...

(1) Ver "El secreto del Espadón"

A la mañana siguiente...

¡Ah! ¡Profesor! ¡Esto no puede ser! He vuelto a sorprender al señor Ranchi trasteando con nuestro emisor y...

Ya nos ocuparemos más tarde. Ahora me gustaría presentarle a un nuevo ayudante que nos envía la cooperación hindú como observador. Mister Nasir, le presento a mister Singh, mi ayudante.

Encantado, mister Singh.

Y ahora, quisiera que todos se concentraran en sus tareas. Tal como está previsto, realizaremos la segunda prueba con la base de Halley. Mister Singh, ¿puede establecer contacto con el comandante Byrd?

Enseguida, profesor.

Todo listo, profesor. Estamos en disposición de proporcionarle en directo la evolución de los temblores de la falla submarina que se ha activado al norte de la base.

Estamos impacientes por recibirlo, comandante. Adelante, estaremos conectados hasta las 13:00h.

Pronto será la hora. ¿Nuestro "cerebro" está listo, profesor?

La temperatura de su cuerpo está casi en el nivel óptimo. En unos pocos minutos podremos accionar el sarcófago, alteza.

Bien, el doctor Claes nos ha organizado una visita al pabellón ruso que no quisiera perderme, aunque llegue en un momento poco oportuno. Dicho esto, mister Singh, llevo su pequeño emisor. En caso de problemas, no dude en enviarme un mensaje. Vámonos, Francis.

Ah, ¿no es el bueno del doctor Claes quien nos hace señas frente al pabellón soviético?

De pronto, los extraños fenómenos del día anterior reaparecen, causando el pánico en el recinto de la Exposición.

Goddam! ¡Ya estamos otra vez!

Movidos por el mismo reflejo, los dos amigos corren hacia la entrada del pabellón soviético, frente a la cual se reúnen con Claes.

Los tres hombres se meten en el interior del pabellón, con la esperanza de resguardarse. Pero es una vasta sala de exposición en plena ebullición lo que les acoge.

WATCH OUT!

¡¡KLANG!!

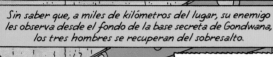

Sin saber que, a miles de kilómetros del lugar, su enemigo les observa desde el fondo de la base secreta de Gondwana, los tres hombres se recuperan del sobresalto.

¡JA, JA, JA!

¡Vaya! ¡De buena nos hemos librado!

Tenemos un problema, alteza. El comandante Byrd acaba de llamar, pues debe cortar la electricidad por razones técnicas durante diez minutos. Sólo he podido obtener una demora de cinco minutos. ¡Debemos recuperar el cerebro del sujeto si no queremos perderlo definitivamente!

¡Por Vishnú! Justo cuando el experimento se volvía interesante... aún a costa de dañar el pabellón de nuestros amigos rusos. En fin... recupere a nuestro querido coronel. ¡Pero que esté listo para partir en cuanto sea posible!

La calma se restablece de pronto, y un oficial soviético se precipita para expresar su cólera al desafortunado doctor Claus.

¡Lo que ha sucedido es intolerable, doctor! No hemos venido aquí para ver destruidos todos nuestros esfuerzos por... ¡por esa locura! No querrá que nos creamos que los americanos son inocentes en este... en este...

¡Le invitamos a que llegue rápidamente al fondo de esta cuestión si no quiere que nos vayamos antes de la inauguración!

¡Se lo ruego, señores! ¡Nada de decisiones precipitadas! Yo tampoco entiendo lo que esta pasando, pero le aseguro que los americanos no tienen nada que ver. Por supuesto, repararemos todos los da...

Haga lo que quiera pero hágalo deprisa, si no...

La situación es dramática, amigos...

...si los rusos se van, se arruinará el espíritu de paz y apertura que debía presidir la exposición.

Sobre todo, hay que mantener la calma, doctor. Si me lo permite, me dirigiré al pabellón americano para convencerles de que nos ayuden a desactivar esta situación tan explosiva.

Una idea excelente. Le acompaño.

Gracias, capitán. Su ayuda no estará de más. Por mi parte, intentaré calmar a nuestros amigos rusos organizando de inmediato la reparación de su pabellón.

La corriente ha vuelto, alteza. Se puede reactivar la máquina, pero suavemente. La energía del uranio se está agotando, y sería hora de que llegaran los suministros.

Sin perder un momento, Blake y Mortimer han recorrido los cien metros que separan el pabellón soviético del americano, y entran en éste último en busca de un responsable, hasta que...

¡Qué grata sorpresa encontrarles aquí! ¡Llegué ayer tarde, y esperaba ponerme en contacto con ustedes mañana!

¡Doctor Ramírez! [1] ¡Es una grata... eh, sorpresa, en efecto. ¿Podemos hablar con usted en privado? Es urgente.

¡En ese caso, tan sólo pediremos un pequeño esfuerzo final al coronel Olrik! ¡Un simple saludo final a nuestro amigo común y estaremos de vuelta. ¡Lo prometo! ¡JA, JA, JA!

¡Profesor Mortimer! ¡Capitán Blake!

Claro. Denme un instante para aplazar una reunión y estoy con ustedes. Aprovechen para echar un vistazo al pabellón, vale la pena, se lo aseguro.

Muy bien, le esperaremos al lado de las calculadoras o de los radares. Hasta ahora.

Conteniendo su impaciencia, los dos amigos emprenden la visita del lugar.

¡Ah! Aquí están los radares.

De repente, las pantallas de los radares empiezan a centellear con violencia.

Goddam! ¡Francis....!

Ante la mirada estupefacta de la concurrencia, el rostro de Olrik aparece en las dos pantallas gigantes, que se han encendido como por arte de magia, y su voz, tremendamente amplificada, se deja oír.

¡Tiemble, profesor Mortimer! ¡Tiemble! ¡He venido a cumplir mi venganza y la de...!

De repente, las dos pantallas se apagan al tiempo que cesa la conmoción alrededor de los dos amigos, paralizados por la incredulidad de lo que acaban de ver y de escuchar.

Holy Cow! ¿Pero qué ha pasado aquí?!

¡Mire!

¡¿Él?!

(1) Ver "La extraña cita"

No quiero caer en la paranoia, ¡pero no puedo evitar pensar que la vecindad de los soviéticos tiene algo que ver con algo que me parece un acto de sabotaje!

Implicados o no, más vale que los organizadores encuentren rápidamente a los responsables de... de estos ataques, ¡antes de que los expositores decidan lisa y llanamente irse de aquí!

Dejando al furioso doctor Ramírez, Blake y Mortimer llegan a la salida.

¡Es imprescindible resolver este asunto cuanto antes, si queremos evitar una crisis diplomática de alcance internacional!

Y si encima Olrik está metido en todo esto, podemos prever lo peor... Volvamos a nuestro pabellón.

Sin más demora, los dos amigos regresan al pabellón británico, que una vez más parece haberse salvado.

Y bien, mister Singh, ¿todo ha ido bien?

Sin problemas, profesor. Aparte de una pequeña parada de once minutos, todo se ha desarrollado según lo previsto.

En ese aspecto podemos tranquilizarle, doctor. Su pabellón acaba de sufrir el mismo fenómeno, y no quiero ocultarle que, por su lado, creen que se debe a un acto subversivo de los americanos.

Una parada de... ¿ha dicho once minutos?

Nada grave, se lo aseguro. La base de Halley se vio obligada a desconectar un rato su generador, que emitía sonidos anormales, pero por suerte se trataba de una falsa alarma. Todo volvió a la normalidad hasta las 13:00h, como estaba previsto.

Sin mostrar mayor sorpresa, el profesor Mortimer se despide de su equipo, con la excusa de otra cita.

En ese caso, señores, dejo a su cargo el informe de la segunda prueba, ya que debemos ausentarnos nuevamente. Estaremos en... el pabellón congoleño.

Por fin a solas, los dos amigos comparten sus reflexiones.

¿Y bien, Philip? ¿Piensa lo mismo que yo?

Por supuesto. Como por casualidad, ese corte de radio con la base Halley corresponde exactamente al tiempo que transcurrió desde que cesó el fenómeno en el pabellón ruso y hasta que reapareció en el pabellón americano.

Otro hecho preocupante: los primeros fenómenos que sucedieron en el pabellón congoleño también aparecieron mientras llevábamos a cabo una prueba... y por tanto, estábamos en contacto por radio con Halley...

¡Cielo santo...! ¡Tiene razón! Sin olvidar que Olrik desapareció de la pantalla al tiempo que el fenómeno desaparecía. Y todo ello, antes de las 15:00h, el momento en que cesó la segunda prueba. ¡Realmente son demasiadas coincidencias!

Todavía hay otra cosa, Francis. ¿Piensa que es cosa del azar el que usted y yo nos hayamos encontrado tres veces seguidas en el lugar en que el fenómeno se ha producido?

En ese momento, alguien se ha apoderado del micrófono de la emisora del pabellón británico.

¿Oiga? ¿Oiga? ¿Gondwana? ¿Es usted, alteza...? Como estaba previsto, el repartidor me dará el paquete esta noche y yo desapareceré en cuanto lo tenga... Sí... Después, embarcaré en el Pavi Kuta...

...Eso es... Cuente conmigo, alteza...

Siguiendo su plan, Nasir se ha quedado en el pabellón británico para intentar desenmascarar al agente soviético. Su idea de esconderse a la hora del almuerzo ha sido fructífera, pues el agente hindú logra sorprender a alguien que se aprovecha de la ausencia de sus colegas para contactar con sus superiores.

Debo cortar la radio... Sí... Hasta pronto, alteza.

CLIC.

Mientras el espía ruso se dispone a abandonar el laboratorio, el antiguo soldado del Makran Levy Corps se arriesga a echar un vistazo desde el tabique tras el que se había ocultado.

¡¿ÉL?!

Sin perder un minuto, sale a su vez del pabellón británico y se lanza a la búsqueda de Blake y Mortimer...

...A los que encuentra en plena conversación cerca del pabellón suizo.

¡Capitán! ¡Profesor!

¿Y ese traidor? ¿Le ha reconocido? ¿No será ése Baghal... Ranchi?

No, capitán, ¡es míster Singh!

¡¿Qué?!

¡Míster Singh...! ¡No es posible! ¡Confiaba plenamente en él!

Eso mismo, profesor. ¿Le dice algo?

¿Gondwana...? ¿No es así como los científicos llamaron a la parte sur del gran continente único que ocupaba nuestro planeta hace algunos cientos de millones de años?

Exacto, Francis. Pero también es el nombre de una pequeña base científica hindú situada en la Antártida... a dos pasos de nuestra base de Halley que, además, les suministra... electricidad, en el marco de los acuerdos de cooperación angloindia.

Lo siento, profesor... era él, sin duda.

¡El muy bribón! Se las arregló para desviar las sospechas hacia Ranchi. ¡Debí desconfiar de él!

¡¿Gondwanna?! ¿Seguro que eso es lo que dijo Singh, Gondwana?

Amigos, les propongo ensamblar las piezas del puzzle que hemos reunido ya. Por una parte, conocemos la preparación de un vasto complot tercermundista dirigido por terroristas hindúes que preparan una acción de envergadura contra la Exposición Universal de Bruselas con ayuda de un arma revolucionaria. Por otra parte, sospechamos también la existencia de un tráfico de uranio que se centraría en esta misma exposición. ¿Qué más tenemos?

Presenciamos fenómenos tan incomprensibles como catastróficos que parecen, literalmente, seguirnos y en los cuales ese canalla de Olrik está involucrado. Y todo esto sucede durante las pruebas que nos unen por radio con la base de Halley, que a su vez está unida con la base hindú de Gondwana.

"Gondwana" es el destino de los mensajes del traidor infiltrado en el seno de su equipo por los soviéticos, ¡que a su vez tienen relación con nuestros terroristas hindúes!

Amigos, tenemos aquí muchas preguntas... y es seguro que míster Singh tendrá algunas respuestas que darnos. Propongo, por tanto, que le sigamos esta noche en su cita con su misterioso repartidor de paquetes...

Esa misma noche, en el pabellón británi-co, sólo dos hombres trabajan todavía...

Si me lo permite, profesor, voy a retirarme. Estoy agotado.

Por supuesto, míster Singh. Los últimos días han sido una dura prueba; vaya y descanse. Yo mismo no tardaré en imitarle.

Cinco minutos después...

¿Taxi, señor?

¿Y por qué no? Lléveme a la "Belgique Joyeuse", por favor.

¡A la "Belgique Joyeuse"! Delo por hecho, señor.

¡Psst! ¡Profesor!

Van hacia la "Belgique Joyeuse". ¿Sabe qué es eso?

Sí. Es un espacio construido al estilo antiguo y lleno de cafés y de restaurantes. Está cerca del zoo, detrás del pabellón congoleño...

¡Vamos!

TURK

En ese tiempo, el taxi llega al final de su trayecto...

Dejemos que tome cierta distancia...

¡Ah! Hemos llegado...

Me jugaría lo que fuera a que el misterioso "repartidor" de míster Singh no es otro que Mukeba el independentista...

Good Lord! ¡Ésta sí que es una buena sorpresa!

Tras descubrir al cómplice de Singh, Blake vuelve a toda prisa a su carrito.

¡Francis!

¡No van a creerme, señores, pero el famoso repartidor de míster Singh es nada menos que Bert Van Den Brand, el capataz del pabellón congoleño!

¡Todo encaja! ¡Su posición es ideal para traer el uranio del Congo entre todo el material destinado a la exposición!

¡Lo que confirma que los terroristas hindúes han encontrado cómplices en otros países del Tercer Mundo!

Es imprescindible detenerlos de inmediato. Voy a llamar al doctor Claes, para que avise a la policía belga antes de que...

¡Demasiado tarde, Francis!

Van Der Brand se va en dirección al zoo... ¡y míster Singh no está con él!

Ocúpense de Singh, que ya tendrá su paquete. Yo me ocupo del otro. ¡Sean prudentes!

¡Usted también, old chap! ¡No me fío de ese quidam!

Damned! ¿Dónde se habrá metido?

Su vigilancia no ha sido muy discreta, querido...

¿?!

Vi cómo nos espiaba a través de la ventana del café... ¡ha olvidado que su presa es un explorador profesional! Y en cuanto a su disfraz, ¡tampoco es muy convincente, capitán!

¡Venga! ¡Dese una oportunidad y salte! ¡¿O prefiere que le atraviese con mi horca...?!

¡¿...y le eche como pienso a estos simpáticos saurios?!

Le aconsejo vivamente que no lo haga, señor capataz.

¡Mukeba! Estos bailarines son todavía feroces guerreros... ¡y usted no les cae bien! En su lugar, yo dejaría caer esa horca de inmediato... despacio.

Es usted un sucio y pequeño... un sucio...

¡Vamos! ¡Tenga valor! ¡Dígalo! ¿"Un sucio negro", verdad?

¡Usted representa todo lo que los congoleños detestan! Es como el símbolo de todos esos explotadores racistas que nos desprecian. ¡Me dan ganas de dejar que estos hombres le hagan lo que planeaba para el capitán Blake!

¡No! ¡No lo haga, Mukeba! ¡Matando a este miserable sólo se rebajará a su nivel y se convertirá usted mismo en un criminal!

¡Eso sin olvidar que tiene información importante que darnos!

¡Pues bien! ¡Que hable! ¡Ahora mismo!

¡JA, JA! ¡Se lo contaré todo!

El salvador de Blake envía a los ateridos Watusis de vuelta a su pabellón, mientras que los policías esposan a Bert Van Den brand, aliviado al ver el cariz que toman las cosas para él.

Es usted inteligente, señor Mukeba.

¿Y Singh?

Ha conseguido huir. Había una segunda puerta de acceso al local y el pájaro echó a volar y tomó un taxi hacia Dios sabe dónde... Así que decidimos venir a ayudarle, y encontramos a estos dos policías en el camino.

¡Bien, señor Van Den Brand! ¡Si desea una oportunidad de reducir su futura pena de prisión, le sugiero que nos lo explique todo... sin omitir detalle!

Es cierto... Yo le entregué el uranio a Singh. Lo robé en el Congo, al pedírmelo un comanditario al que nunca vi, pero que me pagó un gran avance por medio de un "buzón"...

Y ese uranio... ¿para qué debía servir?

Lo único que sé es que está destinado a ser fuente de energía de un nuevo tipo de arma. Les juro que es todo lo que sé.

¿Y dónde debe entregar Singh el uranio?

Yo debía aprovechar el transporte de los objetos del pabellón congoleño, que se beneficiarían de inmunidad diplomática, para trasladar el uranio a Bruselas. La entrega debía realizarse esta noche en la "Belgique Joyeuse", a un intermediario que se haría pasar por el señor Singh, que me pagaría el resto a la entrega del paquete.

A esta hora su avión debe de estar despegando hacia Sudáfrica, donde debe embarcar en un carguero hindú que le llevará a la Antártida. No me dio más detalles.

¡Todo encaja! ¡El carguero debe de ser el Ravi Kuta del que Singh habló en su último mensaje por radio!

Good! Creo que este individuo ya nos ha dicho todo lo que sabe. ¡Es todo suyo, señores!

Antes que nada, señor Mukeba, debo darle las gracias por su intervención, que sin duda no tiene nada de... casual. ¿Pero cuál es su papel en este asunto?

Su curiosidad está justificada...

No es secreto para nadie que apoyo la causa de la independencia congoleña. Mis amigos y yo intentamos detectar y denunciar los abusos cometidos por los extranjeros en nuestro territorio. Cuando descubrimos el caso del uranio, relacionado con un complot terrorista internacional, se me encargó contactar con el Intelligence Service...

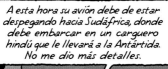

...ya que, al ser independentistas, no tenemos mucha credibilidad ante las autoridades belgas...

¿Fue usted la fuente anónima que supo convencer a los expertos del MI5?

...Tenía miedo de que un hombre tan importante como usted desconfiara de la información de un mero independentista congoleño. Así que decidí dirigir discretamente su investigación hacia nuestro pabellón, sin tener que desvelar mi identidad en un primer momento. Así que hice que ese joven ciclista le entregara un mensaje.

¡Una entrega de mensaje realmente discreta, en efecto! ¡Mi estómago todavía se acuerda!

¡Bien, gentlemen, ahora que tenemos todos estos datos, llegó el momento de las decisiones! ¡Y rápido!

Fui yo. Pese a mis sospechas sobre Van Den Brand, no tenía pruebas de que estuviera en posesión del uranio. Así que me hice contratar en el equipo del pabellón congoleño para poder seguirle a Bruselas... y descubrí que había cierto paquete que vigilaba demasiado de cerca...

Me parece evidente que el tráfico de uranio destinado a ese nuevo tipo de arma, de la que hemos podido constatar los devastadores efectos, indica que los problemas acaban de empezar...

...Y ese extraño mensaje de Olrik no hace sino confirmarlo.

Sólo cabe una solución: viajar a la Antártida y neutralizar ese arma antes de la apertura oficial de la Exposición Universal... ¡Antes de la llegada de los centenares de miles de visitantes que pueden estar en peligro!

¿No deberíamos avisar a la base de Halley?

¡Nada de eso! Si esa gente es capaz de crear semejantes catástrofes a miles de kilómetros de distancia, también lo es de interceptar mensajes de radio y de huir antes de que lleguemos. Pero hace falta que las pruebas con Halley continúen en nuestra ausencia.

Y aún debemos encontrar el medio de llegar al lugar rápidamente y con discreción.

Quizá haya una manera: ¡Labrousse! Se dirige a una base francesa en la Antártida, haciendo escala en Halley. Si nos unimos a él en Ciudad del Cabo, podríamos quizá embarcar con él...

¡...y quizás llegar antes que el Ravi Kuta!

¡Bravo, Philip! ¡Su idea es brillante!

Esta noche avisaremos al doctor Claes. Hasta entonces, debo localizar a Miss Jones, Liver y Ranchi para organizar la continuidad de las pruebas.

Por mi parte, voy a ocuparme de todas las formalidades y de los billetes de avión.

¡Bien, señores, parece que sólo me queda desearles buena suerte!

Siento no poder acompañarles más que en espíritu.

¡Ya nos ha sido de gran ayuda, señor Mukeba! ¡Confíe en nosotros!

Al día siguiente, al mediodía, el correo de largo alcance que transporta a los tres hombres despega con destino a Sudáfrica.

¿Conseguirán Blake, Mortimer y Nasir desbaratar la terrible amenaza que pende sobre la Exposición Universal?

¿Podrá Mortimer derrotar a Açoka, el emperador inmortal, acabando así con las pesadillas de su pasado?

Lo sabréis leyendo el segundo tomo de Los sarcófagos del Sexto Continente: "Duelo de espíritus".